EQUIPE REMOTA

Aprenda a criar e gerenciar sua equipe de forma online

Luciano Larrossa

Introdução

Ter uma equipe remota era algo impensável há uns 20 anos. Se você dissesse para alguém que pretendia ter uma equipe remota, era provável que te chamassem de maluco (e com razão). Porém, hoje o cenário é completamente diferente. No momento que escrevo estas linhas, grande parte do mundo está trabalhando a partir de casa por conta de algo que as pessoas nem conseguem ver: o Coronavírus.

É impressionante como um *simples* vírus conseguiu colocar grande parte da economia trabalhando a partir de casa. Foi interessante ver políticos, profissionais de marketing ou outros prestadores de serviços que antes perdiam horas e horas no trânsito conseguindo trabalhar a partir de casa. E repare: conseguindo fazer isso e ainda sendo produtivos!

O que me leva a perguntar: por que razão não fizeram isso antes? O que isso não representaria em termos de poupança de custos, tempo ou poluição do meio ambiente diariamente?

Mas quem sou eu para estar te falando sobre trabalho remoto?

Para você entender a minha paixão pelo remoto, é importante entender um pouco do meu percurso. Apesar de já ter escrito 5 livros, o meu primeiro trabalho foi como...professor de tênis. Ler e escrever sempre foram coisas que fiz muito pouco até aos meus 18 anos, para ser sincero. Sempre fui mais feliz dentro de uma quadra do que numa biblioteca.

Porém, a partir dos 20 anos, muita coisa foi mudando. Comecei a sentir que dar aulas de tênis e ficar preso a um clube não era algo que me trazia uma felicidade plena. Eu gostava de dar aulas e jogar tênis, mas havia algo que não me preenchia por completo. Afinal de contas, eu não podia escolher onde dar aulas. Era *obrigado* a dar aulas, diariamente, no mesmo clube.

Para mim, a vida era muito curta para ficar preso todos os dias no mesmo local. Foi ai que comecei a procurar por algum tipo de trabalho onde eu tivesse liberdade de escolha. Eu não queria ficar viajando pelo mundo (apesar de depois ter viajado bastante), mas pelo menos queria ter a liberdade de escolher onde trabalhar.

Depois de muitos anos analisando possibilidades, em 2010 comecei o meu primeiro blog. Diariamente, escrevi nele e as coisas foram crescendo. Durante estes anos, mesmo sem ter um único escritório, fui convidado a trabalhar em parceria com empresas como a Mercedes, Renault, JivoChat, entre outras. A equipe foi crescendo e hoje somos 10 pessoas trabalhando remotamente. Temos treinamentos, sites e ferramentas que hoje nos permitem ter uma empresa lucrativa e enxuta ao mesmo tempo. Aliás, se quiser saber mais sobre o meu trabalho de marketing, visite lucianolarrossa.com.

Além de tudo isto, a liberdade de não ter um escritório já me permitiu conhecer mais de 20 países pelo mundo em apenas 3 anos. E tudo isso enquanto trabalhava e gerava dinheiro para a minha marca.

Não sei os seus motivos pessoais para ter uma equipe remota, mas o que posso dizer é que ao longo das próximas linhas vou passar todo o conhecimento que adquiri ao durante os últimos 10 anos. Acredito que o conteúdo deste livro será suficiente para iniciar a sua equipe remota e, caso já tenha uma, tenho a certeza que ao longo do livro vai encontrar várias dicas que vão melhorar o relacionamento e a produtividade do seu time.

Seja bem-vindo(a) a este novo mundo. Ele está só começando.

Capítulo 1

Vantagens em ter uma equipe remota

Trabalhar remoto é uma quebra de padrão. Quando falo com alguém sobre a possibilidade de ter uma equipe remota, muitas questões surgem na cabeça da pessoa. E como vou cobrar? E como sei que a pessoa está trabalhando? E se ele passar o dia todo no Youtube? E como contrato pessoas? Vou responder a todas estas questões ao longo do livro.

Trabalhar com uma equipe remota tem vantagens e desvantagens e vou abordá-las ao longo destas dezenas de páginas. Não espere uma leitura tendenciosa. Vou mostrar para você todos os prós e contras deste estilo de vida. O meu objetivo é passar realmente aquilo que é a vida real. Todos os tópicos serão curtos e práticos para que possa ir estudando e colocando em prática o que aprende.

Menor custo

Para mim, a primeira grande vantagem de você ter uma equipe remota é o custo. Quanto você pagaria hoje para ter um escritório com a sua equipe? E quanto investiria para comprar todos os móveis necessários? E caso a sua equipe crescesse, quanto custaria para você uma mudança de um escritório para o outro? Já vi pessoas se endividando para comprarem um escritório maior e, passado alguns meses, por conta de uma crise ou de uma mudança de mercado, esse escritório novo acabou se tornando um autêntico pesadelo, fazendo com que a empresa acumulasse dívidas por conta dele.

O custo baixo para manter uma equipe remota não está apenas relacionado ao espaço físico, mas também com a agilidade que a sua empresa consegue ter. Se a sua empresa cresce ou diminui, a barreira física nunca será um problema. Veja o meu caso. Na minha empresa, era apenas eu até 2013. De 2013 a 2016 cresceu um pouco, mas continuávamos pequenos: éramos apenas 3 pessoas. Mas de 2017 a 2018 ela aumentou 7 pessoas. Passamos a ser 10 no total. Provavelmente, eu teria mudado de escritório pelo menos duas vezes em todo este processo. Isso iria implicar mais custos, além de tempo perdido procurando espaços e decorando tudo de novo.

Se você fizer as contas de cabeça, verá que a equipe remota vai poupar pelo menos uns 10 mil reais por mês se você tiver uma equipe de 5 pessoas. São 120 mil por ano. É mais de 1 milhão de reais ao fim de 10 anos! Sempre quis ter o seu primeiro milhão? Construa uma equipe remota. Talvez esse seja o jeito mais fácil de consegui-lo.

Menos tempo no trânsito

Além de poupar diretamente pelo fato de não ter um escritório, também vai poupar algo fundamental na sua vida: o tempo. As contas são simples de serem feitas. Se você perder uma hora por dia no trânsito, ao fim de 1 mês terá perdido 20 horas da sua vida. Ao fim de 1 ano são 240 horas. Isso são 10 dias da sua vida que você poderia investir para viajar, passar tempo com os seus filhos ou aprender algo novo.

Além disso, voltamos mais uma vez ao custo: não ter trânsito também implica menos custos com gasolina e manutenção com o carro.

Ah mas eu posso aproveitar esse tempo e escutar um podcast ou ler caso vá de transporte público!

Esta foi a resposta que me deram quando falei sobre não perder tempo no trânsito. Obviamente que pode. Mas a questão é: você não tem escolha. Se quiser fazer exercício ao invés de escutar um podcast, você pode? Não. Se quiser passar tempo com o seu filho ao invés de ficar no trânsito , você pode? Provavelmente não.

Ao decidir que não perde tempo se deslocando para o trabalho, você decide o mais importante: o que fazer com o seu tempo. E isso não tem preço.

More onde você quiser

Antigamente, morar numa grande cidade era um luxo que todos queriam. Isso era sinónimo de diversão, qualidade de vida e bons empregos. Hoje, essa realidade mudou. Viver no centro de uma cidade como São Paulo, por exemplo, passou a ser sinónimo de viver num apartamento minúsculo e caro, poluição, barulho e horas e horas perdidas no trânsito para simplesmente curtir um cinema.

O grande luxo agora é você viver fora dos grandes centros. Você tem mais qualidade de vida, um custo de vida bem menor e tudo é feito em menos tempo. Tendo uma equipe remota, você e sua equipe conseguem viver no interior e mesmo assim realizar grandes projetos. Você junta o útil ao agradável: consegue ganhar dinheiro como se tivesse numa cidade grande sem precisar estar nela.

Já imaginou o que é acordar de manhã numa casa espaçosa, ouvindo os pássaros cantarem e conseguindo comer o café da manhã com os seus filhos em casa? Pois é, com uma equipe remota isso é possível.

Não fique limitado na contratação de talentos

Vamos imaginar que você vive em Campinas e precisa contratar um designer e um programador. Provavelmente, você vai estar limitado às pessoas que vivem em Campinas e que desempenham essas funções. É pouco provável que alguém esteja disposto a se mudar de uma outra cidade para Campinas, correto?

Já uma equipe remota permite que você contrate um profissional de qualquer parte do país ou do mundo. Você pode viver em São Paulo e contratar alguém de Recife, por exemplo. O Diego Rangel, que foi o meu primeiro funcionário, só conheci ele passado 1 ano. Trabalhamos remotamente durante vários meses antes de nos conhecermos pessoalmente, pois eu estava em Portugal e ele no Rio de Janeiro.

A equipe remota não limita você na hora de contratar talentos. Qualquer lugar do mundo pode ter o profissional que você precisa.

E ainda tem outra coisa: se você vive numa região onde o custo de vida é mais alto, outra coisa que pode fazer é contratar pessoas de regiões onde o custo de vida é mais baixo, possibilitando a contratação de melhores profissionais sem precisar pagar valores mais elevados.

Dando o exemplo a nível internacional: americanos durante muitos anos contrataram programadores indianos, que muitas vezes eram tão bons como os americanos, mas que custavam 1/10 do preço.

Com uma equipe remota você pode aproveitar essa diferença do custo de vida a seu favor para montar uma equipe melhor a um custo mais baixo.

Isso significa que eu não posso ter um escritório?

Obviamente que não. Eu não tenho escritório porque efetivamente não quero. Porém, você pode trabalhar num regime misto, na qual alguns dos seus funcionários trabalham em casa e outros num escritório. Ter uma equipe remota não significa que escritório é proibido. Significa que ele não é obrigatório.

O que algumas empresas fazem é terem segmentos da empresa no presencial e outros no remoto. Vamos a um exemplo. Durante 3 anos, trabalhei com o JivoChat, ajudando na implementação de todo o marketing deles na América Latina. Eram mais de 100 pessoas na equipe. Enquanto os vendedores ficavam num escritório físico em Moscou, na capital russa, programadores, designers e pessoal do marketing trabalhavam remotamente. E tudo funcionava muito bem.

Neste caso, isto acontecia porque a empresa já tinha testado a possibilidade dos vendedores trabalharem remotamente e o resultado não tinha sido bom. E a implementação de uma equipe remota é mesmo assim. Pode ser que alguns setores da sua empresa se dêem bem com o remoto e outros não.

Mas se remoto é tão bacana, qual o motivo de mais empresas não terem feito isso antes?

Esta é outra pergunta que me fazem sempre. O ser humano é realmente um animal de hábitos. O nosso instinto é sempre nos agarrarmos ao que sempre foi feito. Se sempre foi feito daquela forma, é porque existe uma razão forte de ser assim! E ao pensar assim, acabamos por nos fechar para novas oportunidades.

Existem duas razões para muitas empresas ainda não estarem trabalhando de forma remota. A primeira delas é a cultura. Muitos donos de negócios ainda acham que o funcionário só produz quando ele está sendo vigiado.

Como vou saber se ele está produzindo se não estou vendo ele? Me perguntam vários empreendedores.

Isso fala muito mais sobre a incapacidade de gestão do dono de negócio do que do próprio funcionário. Se você precisa estar vigiando o seu funcionário para ele produzir, é porque você está fazendo algo errado!

A melhor forma de você saber se o seu funcionário está trabalhando é dando tarefas e metas para ele.

Vou explicar como funciona na minha empresa.

Todos os funcionários têm as tarefas para realizarem durante o dia. Se eles não realizarem, serão cobrados por isso. Se a tarefa não estiver bem feita, também conversaremos sobre isso.

Da minha parte, eu não quero saber o que ele faz ou vê no computador durante o dia. Eu apenas quero duas coisas: que as tarefas sejam entregues e que sejam feitas com a qualidade pretendida. Desta forma, todos ficam satisfeitos: quem realiza e quem cobra as tarefas.

A segunda razão para as coisas funcionarem melhor para as equipes remotas atualmente, é por conta da tecnologia. Hoje existem centenas de ferramentas que podem ajudar no gerenciamento da equipe. Enquanto que antigamente o problema era o mercado ter poucas opções, atualmente o problema é inclusive o excesso de opções, fazendo com que muitos empreendedores fiquem indecisos sobre quais ferramentas usarem ou acabem usando ferramentas desnecessárias.

Ficou muito mais fácil você delegar tarefas, acompanhar o desenvolvimento delas e manter a comunicação com a sua equipe.

Resumindo: hoje em dia só não trabalha de forma remota quem não pode ou quem realmente não quer.

Você já contrata remoto mas não sabe

Se você parar para pensar, provavelmente você já contrata remoto. Pense no seu contador. Ele não é um trabalhador remoto? E pense no advogado da sua empresa. Será que ele também não trabalha remoto? Obviamente que sim.

Só que estas profissões, como raramente funcionam a tempo integral dentro de uma empresa, ao longo da história foram mais facilmente sendo aceites como remotas. Só que, na prática, não existe diferença entre o seu designer, programador ou vendedor: todos eles podem ser remotos tal como o seu advogado ou contador. É só dar tarefas para eles.

Capítulo 2

Como começar?

Agora que já abri a sua cabeça sobre as vantagens de trabalhar remoto e quebrei alguns mitos que, provavelmente, estavam na sua mente, chegou a hora de ajudar a dar os primeiros passos.

A maioria dos alunos do meu treinamento sobre Equipe Remota têm duvidas comuns: como contrato a primeira pessoa? Como funciona o processo de contratação? Como demito ela? É sobre isso que vou falar neste capítulo. Felizmente, ao longo do meu percurso de empreendedor contratei algumas pessoas e demiti um pequeno número. Todas essas dúvidas que você tem na sua cabeça são dúvidas normais e vou esclarecer todas elas ao longo das próximas linhas.

Todas as profissões podem trabalhar remoto?

Obviamente não. Porém, grande parte dos serviços podem sim. Pelo que tenho visto no mercado, os profissionais que mais trabalham remoto são os:

- Designers
- Programadores
- Vendedores
- Suporte
- Gerenciamento de Mídias Sociais

- Assistentes Virtuais

Quero falar um pouco sobre este último segmento, que tem crescido bastante. Assistentes virtuais são profissionais que ajudam empreendedores em várias coisas do seu dia-a-dia, tais como gerenciamento de tarefas, calendário, email, redes sociais, enfim, fazem de tudo um pouco! E pode ser um bom tipo de profissional para você contratar no início da sua empresa. O melhor site do momento para isso é o Assistex. Aqui: https://www.assistexvirtual.com/

Você está pronto para contratar?

Muitos empreendedores chegam para mim frustrados com a contratação do seu primeiro funcionário remoto. Quando vou analisar a situação, muitas vezes chego à conclusão que o problema é que o negócio da pessoa não estava pronto para receber o seu primeiro colaborador.

Para você conseguir ter bons resultados com a contratação do seu primeiro funcionário, algumas coisas precisam estar claras na sua mente primeiro:

- Qual o seu modelo de negócio?
- Como você ganha dinheiro e como pode crescer?
- Quais as suas metas a curto, médio e longo prazo?

Sem respostas claras ao que você quer, quando tiver alguém trabalhando com você, a única diferença é que agora serão 2 pessoas perdidas ao invés de uma!

Você é o capitão da sua empresa. Saiba para onde quer ir. Só com isso claro na sua mente fará sentido contratar alguém. Não espero que o seu funcionário seja o capitão de um navio que não é dele.

Contrate alguém para fazer as tarefas repetitivas

Este conselho é independente de você ter uma equipe remota ou não, mas vale sempre a pena lembrar dele. Um dos objetivos de você contratar o seu primeiro funcionário é para que ele faça as tarefas repetitivas que você executa e que tomam muito do seu tempo, impedindo que o seu negócio evolua.

Vou dar o meu exemplo para você entender melhor. Quando contratei o Diego Rangel para trabalhar comigo, ele começou trabalhando direto com tarefas que eram repetitivas para mim, como a criação de imagens ou páginas de vendas para os anúncios. São tarefas que precisam de ser realizadas, mas que podem facilmente ser delegadas. Já tarefas de estratégia ou de criação de anúncios ficaram comigo, pois elas são mais importantes para o meu negócio.

Eu recomendo que você analise o seu negócio e entenda quais tarefas você pode delegar. Pense em tarefas que são repetitivas, que não exigem um grande nível de criatividade e de conhecimento para serem executadas.

Quando você contrata, o seu objetivo é deixar você com as tarefas que realmente fazem o seu negócio crescer.

Comece apenas com uma pessoa

Normalmente existem 2 tipos de empresários que acabam tendo problemas com a contratação. O primeiro grupo são aqueles pessoas que delegam tudo. Tudo o que é necessário ser feito eles delegam, ficando apenas no gerenciamento. A não ser que você tenha uma empresa com mais do que 10 pessoas, ficar no gerenciamento é um erro estratégico muito grande.

O segundo grupo de empresários são o oposto, eles são centralizadores. Eles até contratam porque sabem que precisam contratar, mas depois têm dificuldade em delegar e à mínima dificuldade que o funcionário tem eles dizem: "deixa que eu faço".

Os dois extremos são ruins para o negócio. Aprender a delegar e a gerenciar uma equipe é algo que requer tempo e prática. O meu conselho é que você comece contratado uma única pessoa. Não caia no erro de contratar várias de uma vez se você não tiver experiência no gerenciamento de equipes. Você só estará multiplicando os seus erros por mais pessoas.

Siga o meu conselho: Comece contratando uma única pessoa e aos poucos vá crescendo a sua equipe. Você será um chefe bem mais feliz.

Reúna antes de contratar

Existem muitos empresários que contratam pessoas para trabalharem com eles depois de uma ligação por telefone ou depois de trocarem alguns emails. Eu jamais faço isso e talvez esta seja uma das razões para a maioria dos meus funcionários estarem comigo há tantos anos.

Contratar bem é extremamente importante, pois cada demissão envolve um desgaste psicológico, financeiro e de tempo. Eu prefiro ser um pouco mais lento na hora de contratar, de forma a diminuir os meus erros. Obviamente posso não acertar nesse novo membro, até porque existem fatores que estão fora do meu controle. Porém, contratar menos mas contratar melhor tem sido um dos meus lemas.

Um dos princípios que não abandono é o de fazer **uma ou mais reuniões por vídeo antes de contratar a pessoa**. Sem exceções: uma reunião com câmera ligada. Qual o motivo disso? Simples: expressões corporais. Um futuro membro da sua equipe pode mentir para você num email ou num áudio do WhatsApp, mas numa reunião onde ele tem a câmera ligada tudo fica mais difícil.

Tenha atenção aos detalhes iniciais

Atrasou para a entrevista de emprego? A internet não está boa? Não tem câmera? A casa é barulhenta? Muito cuidado com esses primeiros sinais quando você vai contratar alguém.

Pela minha experiência, quando alguém não demonstra organização e brio na entrevista de contratação, o restante trabalho remoto tende a não fluir muito bem. O cuidado com que as pessoas se preparam para uma primeira entrevista de emprego costuma ser proporcional ao cuidado que vão ter trabalhando com você durante os próximos meses. Podem existir exceções? Com certeza. Mas tenha muita atenção aos primeiros sinais.

Trabalhar em casa exige um nível de organização e disciplina pessoal que um trabalho *normal* não exige. E esses primeiros sinais são uma demonstração se a pessoa é organizada ou não. Repito: podem existir exceções, mas fique atento(a).

Analise projetos e não o currículo

Outra característica importante para quem vai trabalhar remoto é a capacidade de ser proativo(a). E essa proatividade é encontrada em projetos, tanto pessoais como de clientes. Existem muitos profissionais que adoram a teoria, adoram aprender mas depois na prática...pouco executam.

Um dos princípios que sigo é o de analisar os projetos que a pessoa realizou e não o currículo dela. Quais resultados ela trouxe? Onde está o depoimento do cliente anterior? Se é o primeiro trabalho dela, pergunte por projetos pessoais que ela tenha realizado. Ela tem um blog? Um Youtube? Um Podcast? Uma pessoa proativa em algum momento da própria vida desenvolveu um projeto. Pergunte por ele.

O que você espera dele?

A sua empresa tem (ou deveria) ter determinados valores. E é importante que a pessoa que for contratada tenha esses valores. Geralmente os empreendedores se preocupam pouco em terem os valores da sua empresa bem definidos. Eu posso garantir: eles fazem a diferença na hora da contratação.

Na nossa, falamos muito sobre ser direto, frontal, ser focado em metas e objetivos. Precisamos de pessoas com esse perfil, pois só assim podemos crescer. E fazemos questão de deixar isso bem claro na hora da contratação. Perguntamos para a pessoa se ela se identifica com os nosso valores. Pessoas que nos respondendo dizendo que se identificam "mais ou menos" ou "depende", levantam um alerta na hora da contratação.

É errado não ser focado em metas? Não é. Existem pessoas que gostam de viver sem grandes objetivos e está tudo bem com isso. Porém, para a minha empresa crescer e evoluir, preciso de pessoas com essa visão. Não traga pessoas com expectativas diferentes das suas, pois os dois acabarão se frustrando.

Opte por quem já está acostumado com o remoto

Pelas contratações que fiz, é muito mais fácil - principalmente nos primeiros meses - trabalhar com quem já está acostumado a trabalhar remoto. Alguém que está habituado ao emprego tradicional, vai enfrentar nos primeiros meses os problemas habituais do remoto: pode se sentir sozinho, desorganizado e sem saber como organizar o seu dia-a-dia.

Isso significa que quem nunca trabalhou remoto não consegue se adaptar? Óbvio que não. Só fique ciente de que, quem não nunca trabalhou em casa, inicialmente vai necessitar de um período de adaptação, o que pode prejudicar a produtividade dela. Esteja ciente disso.

Faça o teste de 1 mês

Outro erro comum: assinar um contrato de vários meses sem sequer fazer um teste com a pessoa. O remoto, ao contrário do presencial, tem outras variáveis que você não pode controlar tão bem e por isso fazer um teste antes de contratar a pessoa em definitivo é fundamental.

Na minha empresa, fazemos o teste de 1 mês. Nesse mês, mostramos para a pessoa como funciona toda a estrutura e vamos dando tarefas e objetivos para ela. É muito importante nesse primeiro mês se comunicar bastante com a pessoa. Uma reunião diária com ela, pela manhã, pode ser uma ótima ajuda para ela se adaptar mais rápido.

Esse mês de teste é, obviamente, pago. Combinamos primeiro um valor com a pessoa e no final desse mês nos reunimos novamente, para decidirmos se ambas as partes estão dispostas a continuarem.

Existem outros artigos que recomendam o teste de uma semana. Outros de 3 meses. O tempo de duração não interessa muito e vai depender de caso a caso. O importante é ter um tempo de teste que permita que a pessoa se adapte à empresa e ao mesmo tempo você possa testar ela.

Tudo precisa ficar escrito

Existe um ditado portugês que diz o seguinte: *As palavras leva-as o vento*. O que significa que tudo o que não é escrito é facilmente esquecido. Depois de decidir contratar essa pessoa, deixe bem claro, por escrito, quais as funções dela e o que ela vai fazer na sua empresa.

Não é incomum acontecer de você explicar uma coisa e a pessoa entender outra completamente diferente. Agora, se você escreveu e ela assinou, não tem erro.

Como vocês vão se comunicar?

Mais à frente no livro falarei com você sobre quais as melhores ferramentas a serem usadas, mas quero desde já alertar que a ferramenta de comunicação é determinante para que o sucesso da sua equipe remota aconteça.

No caso do Brasil, ferramentas como WhatsApp têm sido cada vez mais usadas para a comunicação em equipe. Um erro crasso. Vejamos algumas vantagens e desvantagens de usar o WhatsApp como ferramenta de comunicação.

A primeira desvantagem é que você mistura facilmente a sua vida pessoal e profissional. A não ser que você ande com 2 celulares - o que também não é muito prático - é provável que você use o mesmo número de WhatsApp, tanto para coisas pessoais como para coisas profissionais. Isso leva, muitas vezes, a que o empreendedor fique trabalhando praticamente o tempo todo.

Conseguir manter um espaço entre a sua vida pessoal e profissional é importante, caso contrário em poucos meses ou anos você pode começar a sofrer de *burnout*, um estado de esgotamento físico e mental que está intimamente ligada à vida profissional.

Eu mesmo sofri disso, em 2014. Como o meu negócio crescia, eu sentava na cadeira às 9 da manhã e saia só antes de dormir. Por conta disso, cheguei a ter 94Kg e tive arritmias, que me levaram duas vezes ao hospital. Desde então, organizar o meu tempo e a minha rotina se tornou uma prioridade. E olhe que eu sempre fui atleta, por isso não pense que apenas acontece aos outros.

Outro motivo de não recomendar o WhatsApp é porque ele permite áudios. Áudios geram dois problemas. O primeiro é que ao usar o áudio, as pessoas acabam falando mais do que deveriam, o que gera maior consumo de tempo entre toda a equipe. Ao terem que escrever, as pessoas acabam sendo mais diretas. Outro problema do áudio é que ele não é pesquisável. Se você quiser confirmar algo que alguém disse, você vai precisar ouvir vários áudios, o que também acaba consumindo mais tempo.

Mas Luciano, o áudio é mais prático!

Na verdade, a praticidade do áudio é uma ilusão. Apesar de parecer que você ganha mais tempo na hora, esse tempo é perdido depois. O fato de todos terem que ouvir o áudio, demorarem mais tempo a escutar do que demorariam a ler e também pelo fato de depois demorar mais tempo na busca, fazem cair por terra todo o tempo que você ganha inicialmente com o áudio.

Outros ponto negativo do WhatsApp é que, a qualquer momento, ele pode ficar fora do ar. Lembra de quando um juiz decidiu que o WhatsApp ficaria fora do ar durante 2 dias? Pois é, se uma decisão dessas for tomada, você fica sem ferramenta de comunicação. Se isso acontecer numa ferramenta profissional, certamente a equipe dela vai resolver o problema rapidamente, afinal de contas esse é o modelo de negócio delas né.

E o que devo fazer quando quero explicar algo? De forma escrita é mais difícil!

Concordo com você. É muito mais fácil explicar algo por áudio do que por texto, até porque a maioria das pessoas fala mais do que escreve. Mas existe três coisas que você pode fazer quando quer explicar algo mais complexo:

1. A primeira opção é fazer uma reunião com todo mundo. Ao invés de mandar 10 áudios durante o dia, que tal fazer uma reunião onde você resolve todos os problemas de uma vez só?
2. A segunda opção é...ligar. Ao invés de andar com 20 áudios para trás e para a frente, que tal fazer uma ligação de 2 minutos e resolver já o assunto?
3. A terceira é você gravar um vídeo. Existem ferramentas que permitem que você grave vídeos e

em poucos segundos ele já esteja sendo assistido pela outra pessoa. Vou falar sobre estas ferramentas mais à frente no livro.

Se você neste momento está sentindo um desconforto para abandonar o WhatsApp como ferramenta de comunicação da sua equipe, não se preocupe, pois isso é normal. Todas as empresas que ajudei a implementar isso se sentiram desconfortáveis no início. Todas, num primeiro momento disseram, *mas como assim? Eu já estou acostumada ao WhatsApp, eu não vou conseguir!*

Mudar hábitos antigos realmente é difícil, especialmente numa cultura como a brasileira, onde as pessoas são bastante ansiosas e não têm muito tempo para se adaptarem a coisas novas.

E qual ferramenta usar? Sobre isso também falaremos mais à frente. Não se preocupe, muito em breve chegaremos nessa parte.

Antes de prosseguirmos, quero dar um conselho para você. Não se precipite na hora de usar ferramentas de trabalho. Elas são essenciais, mas elas não fazem milagres. Mais do que escolher a ferramenta certa, é importante entender os princípios de uma boa equipe remota. Por essa razão, neste livro, as ferramentas só entram em último lugar. Sem uma boa estrutura, as ferramentas não vão fazer milagres.

Se o WhatsApp não é assim tão bom, porque tanta gente usa?

A primeira razão já expliquei: hábitos. É difícil mudar o hábito numa população. Mas você está querendo criar uma equipe remota, logo, você não é qualquer um, correto? :)

Em segundo lugar, porque ele é um aplicativo leve. O que isso significa na prática? Que mesmo que você tenha uma qualidade de internet pior ou um celular mais lento, você vai conseguir usar o WhatsApp sem grandes problemas, ao contrário de uma ferramenta de comunicação profissional, que tende a ser mais *pesada*.

Isso significa que eu nunca uso o WhatsApp? Bom, infelizmente preciso usar pois realmente a maioria da população usa. E sim, em situações emergenciais uso. A minha equipe sabe que, por exemplo, em situações que exigem uma resposta rápida, a regra é ligar no WhatsApp ou no Telefone.

Resumindo: se for possível, retire o WhatsApp como ferramenta de comunicação. A sua sanidade vai agradecer.

Nem tudo é óbvio

Muitos empreendedores quando contratam um novo trabalhador para a equipe remota, acabam cometendo um erro bastante comum: o erro do *tudo é óbvio*. Vamos a um exemplo. Imagine que você contratou um designer. Será que para ele vai ser óbvio tudo o que você pedir e que envolva design? Com certeza que não. Você precisa explicar para ele como funciona a sua empresa, passar *feedbacks* constantes e também acompanhar todas as tarefas. Não parta do princípio que o seu novo membro sabe fazer tudo e que tudo é óbvio. Não, não é.

Para entender como ele se sente, faça um exercício bem simples. Lembre-se de como você se sentiu durante o seu primeiro trabalho ou projeto. Por mais que você tivesse estudado sobre aquilo ou se preparado, as coisas não eram óbvias para você. Você precisou de tempo. E o novo membro da sua equipe também vai precisar. Ele vai precisar de tempo e da sua ajuda. Nem tudo é tão óbvio como pode parecer. Lembre-se disso.

Como vai funcionar o fim de tudo?

Quando contratam novos membros da equipe, muitos empreendedores ficam tão empolgados que esquecem de algumas coisas que são básicas. Uma delas é de combinar, através do contrato, como vai ser o fim de tudo no caso de algumas das partes decidir terminar a parceira.

É importante que isso também fique combinado antes do trabalho ser iniciado. No início eu não fazia qualquer contrato com as pessoas que trabalhavam comigo e isso me gerou alguns problemas. Aconteceu, por exemplo, de um colaborador dizer para mim de um dia para o outro estava indo embora, o que me deixou sem um funcionário importante na minha empresa em apenas 24 horas..

O que deve ser combinado com o freelancer? No meu caso, eu defino que caso uma das partes decida terminar a parceria, esse aviso deve ser feito 30 dias antes da data. Desta forma, tanto eu como a pessoa que trabalha comigo têm tempo para procurar uma nova parceria.

E não caia no erro de pensar que, pelo fato de você se dar tão bem com o funcionário ou por vocês já serem amigos, que este tipo de acordo não precisa estar definido. As pessoas mudam e é importante que se previna. Vejamos os casamentos. No início é tudo muito bonito, mas quando se divorciam sabemos bem que, em alguns casos, costuma ser bastante problemático. Jogue pelo seguro. Faça um contrato e defina no contrato como tudo vai acontecer. Caso precise de ajuda, pague a um advogado para desenvolver um modelo de contrato. Vale a pena.

Não contrate alguém que você não pode demitir

Esta é uma máxima que levo nos meus negócios e que, até agora, tenho cumprido sempre. Muitos empreendedores acabam por recorrer a amigos e familiares na hora de montarem um negócio. Parece tudo perfeito ao início, mas a verdade é que muitas vezes essa parceria não acaba bem. Em todos os negócios, chega um momento em que você vai brigar com o seu sócio ou com o seu funcionário. É normal isso acontecer. Só que isso acontece recorrentemente, você vai precisar terminar a parceira com essa pessoa. E ai, o que você faz?

Já vi situações em que o sócio ficava numa situação bastante complicada: por um lado ele não aguentava mais trabalhar com o familiar; por outro, se a parceira terminasse, o familiar ficaria sem condições de pagar as contas. E ai? Qual seria a sua decisão? Não é fácil decidir quando existem sentimentos e emoções envolvidos.

Por isso, tenha muito cuidado na hora de contratar. Porque se por um lado é fácil contratar, por outro, demitir não é algo assim tão simples.

Não contrate só porque alguém está precisando de trabalhar

Outro erro comum é se contratar alguém só porque essa pessoa está precisando de trabalhar. Dessa forma você começa a sua equipe remota da forma errada. Você terá que contratar novos membros porque realmente precisa deles e também porque eles têm capacidade para ajudarem a sua empresa.

Acredite: eu já cometi esse erro. Já aceitei pessoas porque queriam ganhar experiência, mas eu não tinha ocupação para elas. O que eu fazia? Ficava inventando tarefas para elas ocuparem tempo, mas isso não ia ao encontro dos meus objetivos e ao mesmo tempo não deixava elas satisfeitas, porque elas ficavam bastante excluídas do resto da equipe. Vá por mim: só aceite pessoas que você realmente precisa. Será bom para ambos os lados.

Sites e ferramentas para contratação

Existem várias formas de você contratar o primeiro membro da sua equipe. Vou listar para você alguns passos que costumo seguir:

- Usando o meu próprio perfil nas redes sociais: Como tenha alguma audiência, acabo sempre postando sobre as minhas vagas de emprego nos meus perfis das redes sociais. Faço um post falando sobre o profissional que preciso e no próprio post coloco um link para um formulário de inscrição da vaga.
- Grupos de Facebook: Se você está querendo contratar um programador, por exemplo, uma boa opção é entrar em grupos de programadores no Facebook e publicar a sua vaga. O mesmo é válido para outras profissões que tenham grupos na rede social. Só tenha cuidado para analisar se esse grupo permite que você publique vagas.
- Recomendações: O jeito antigo ainda funciona. Tem amigos empreendedores? Pergunte para eles por profissionais que eles possam recomendar.
- Sites de freelancers: Por norma, os locais onde você vai encontrar pessoas que saibam trabalhar remoto é em sites de freelancers. Os mais usados são o Upwork, Freelancer.com e Workana. Nestes sites, você consegue ver o perfil dos freelancers e ver avaliações que outros clientes tenham deixado sobre eles. Dá uma certa segurança

Capítulo 3

Como gerenciar alguém que não vemos?

Como já referi neste livro, trabalhar remoto é quebrar padrões. É gerenciar alguém que está longe. É ser menos exigente com horários. É abrir um pouco de mão do controle, para conseguir ganhar liberdade e agilidade.

Mas tudo isto é algo muito novo para cabeças acostumadas a comandar de perto, a visualizarem constantemente o que está sendo feito e a saberem se realmente a pessoa está lá.

Por ter sido professor, quando comecei a gerenciar equipes online, para mim também foi estranho. Foi muito estranho, na verdade. Os meus funcionários não trabalhavam só remotamente: eles trabalhavam a mais de 8 mil quilómetros de mim. Estávamos separados pelo oceano Atlântico. Além da distância, ainda tinha a cultura. Por ter vivido a vida toda em Portugal, conseguir lidar com a cultura brasileira poderia ser uma barreira muito grande.

Então, sim sei como você se sente: eu também tive receio. Mas com o tempo fui adotando técnicas, li sobre o assunto e fiz experiências. E é sobre elas que vou compartilhar com você nas próximas linhas.

Não é por você não estar vendo a pessoa que significa que ela não está produzindo

Desde muito novos somos habituados ao controle visual. No colégio, o professor precisava de nos ver. Desta forma, ele tinha a certeza se estávamos nos comportando na sala de aula. Só que o mundo evoluiu. Tecnologicamente você já não precisa ver a pessoa para saber que ela está produzindo. Na verdade, você precisa ver o que ela fez. Isso sim vai dizer se ela está produzindo ou não.

É importante abandonar da sua mente a ideia de que se você não está vendo o seu funcionário, ele provavelmente está jogando videogame ou dormindo no sofá depois do almoço. Os funcionários modernos são movidos a metas e tarefas e não a obrigações. E exploraremos isso no ponto seguinte.

Entenda uma coisa: se o seu funcionário precisa que você esteja vendo ele para produzir, na verdade você não tem um funcionário, você tem um *nenêm* que você tem que cuidar o tempo todo.

O bom líder não é aquele que precisa de ficar em cima dos seus funcionários. Um bom líder é aquele que consegue que os seus funcionários trabalhem mesmo quando ele não está olhando para eles.

Trabalhe com metas e objetivos

Na minha empresa, nós não queremos saber quantas horas cada um trabalhou. Nós queremos saber quais as tarefas e os resultados que essa pessoa está entregando. A não ser que essa pessoa trabalhe no suporte ao cliente ou em vendas (onde ai você precisa colocar horários fixos), de resto, quanto tempo ela trabalhou passa a ser algo pouco relevante.

O que importa se o seu programador demorou 2 dias ou duas horas a programar o seu site? O que importa se o seu vídeo foi editado numa hora ou em 24 horas? O valor que você paga deve estar ligado aos objetivos e execuções das tarefas e não com a quantidade de horas trabalhadas.

Quando você faz isso, o funcionário remoto ele se sente mais motivado. Ele quer entregar resultado e ao mesmo tempo fazer as tarefas o mais rápido possível.

Por outro lado, se as horas forem o objetivo dele, o mais provável é que ele fique ocupando aquelas horas com coisas menos produtivas, só para o tempo passar.

É necessário aceitar que nós não controlamos todas as ações de quem trabalha na nossa empresa, especialmente se essa pessoa estiver ligada à tecnologia o tempo todo. Você sabe tão bem como eu como é fácil nos distrairmos com redes sociais ou emails. E isso vai acontecer. A única questão é: isso está prejudicando a performance? Se não estiver, quem nunca perdeu 30 minutos ficando à toa no Facebook, que atire a primeira pedra.

Se algo precisa ser feito, isso precisa ter uma data e um acompanhamento

É a partir deste ponto que as coisas começam a ficar mais exigentes. Se por um lado não me preocupo tanto com horários, por outro sou extremamente exigente com prazos e metas. Sempre que der uma tarefa para quem está trabalhando com você, essa tarefa precisa ter uma data de execução. *Quando ela vai ser entregue* é uma pergunta que precisa ser respondida na hora que a tarefa é delegada.

Infelizmente, temos o hábito de dizer que algo precisa ser feito, mas não dizemos quando esse algo deve ser feito. E isso acontece no dia-a-dia. Repare se esta frase não parece familiar:

Pessoa A: Precisamos marcar aquele churrasco!

Pessoa B: É verdade!

Pessoa A: Vamos fazer isso um dia destes então?

Pessoa B: Vamos!

Pessoa A: Ok depois a gente se fala!

Pessoa: Claro! Até mais

Repare que no meio de toda esta conversa não houve uma data, um compromisso, nada!

Uma das coisas que me causou mais confusão quando comecei a ter mais contato com a cultura brasileira é necessidade de confirmar o que se combinou.

Quando marco uma reunião para a semana que vem, no dia da própria reunião recebo uma mensagem dizendo o seguinte: E ai, está confirmada a reunião? Eu só penso: Mas eu desmarquei? Até brinco sobre isso com a minha equipe, mas a verdade é que para mim a partir do momento que eu marquei é porque está marcado e não preciso confirmar.

São esses pequenos detalhes de ter datas e palavras que vão fazer a sua equipe mais feliz e produtiva. E você precisa que eles se habituem a isso desde o início. Você precisa liderar pelo exemplo.

E se a pessoa não cumpriu a data?

Atrasos e problemas todos temos. É normal acontecer. Porém, existe um problema se um membro da sua equipe se atrasa recorrentemente nas tarefas que ele teria que realizar. Ai chegou a hora de você falar com ele.

A primeira pergunta deve ser sempre na base da ajuda. A maioria dos empresários começa a julgar os seus funcionários ao invés de tentar ajudá-los. Quando algum funcionário se atrasa com uma tarefa eu pergunto:

Vi que você atrasou na sua tarefa. Aconteceu alguma coisa? Tem algo que eu possa ajudar?

Esse tipo de pergunta joga a bola para o lado do funcionário que pensa o seguinte:

O cara nem veio me julgar. Está perguntando como pode me ajudar. Não posso me atrasar mais vezes. Ele está querendo realmente me ajudar

Atitudes como esta criam uma relação mais harmônica entre você e o seu funcionário.

Ajude primeiro, critique depois.

Se algo aconteceu, fale

Uma das coisas que tem me ajudado muito a manter a equipe evoluindo tem sido o habito do *feedback* sincero. Quando algo acontece, eu sou bastante direto com quem trabalha comigo. Não fico com rodeios.

Qual a razão de isto ter sido feito?

Qual a razão de não ter sido?

Os líderes que não dão um feedback sincero perdem uma excelente oportunidade de ajudarem o seu funcionário a melhorar.

Porém, quero alertar para uma coisa: existe uma grande diferença entre ser direto e ser mal educado ou agressivo. Muitos empresários não são sinceros porque sabem que se forem, acabam sendo agressivos. Praticar a sinceridade deve ser o hábito de um bom líder. Só desta forma, tanto ele como a sua equipe poderão evoluir.

Precisa ter horário para entrar e sair?

Uma das grandes questões do remoto é o horário. Será que o nosso funcionário deve ter horário para começar ou terminar? Ou, por outro lado, devemos focar apenas nas tarefas e não interessa minimamente o horário? Não existe uma resposta exata aqui. Vai depender de duas coisas: a própria empresa e o papel que está sendo realizado pelo membro da equipe.

Vou passar um pouco da minha experiência com situações como esta.

Na minha empresa, atualmente, não somos rígidos quanto a horários. Quando falo de ser rígido, me refiro a ficar preocupado se a pessoa chega às 09:00 ou às 09:15. Porém, todos os que trabalham comigo que precisam estar online até umas 10 da manhã e que geralmente espero uma resposta delas até umas 18:00. Com isto, existe alguns que começam a trabalhar às 08:00, outros às 09:30, etc. Vai depender de cada um. Para mim o importante é dar a liberdade para que possam organizar o dia da melhor forma.

Porém, nem sempre foi assim. Numa outra altura tentei não ter qualquer horário. Os membros podiam começar a qualquer hora, fosse isso às 09:00, ao meio-dia ou até mesmo às 17:00. Acabou por não funcionar, pois alguns queriam começar ao meio-dia, mas às 18:00 já pouco produziam.

Porém, existem empresas que conseguem gerenciar seus membros sem terem qualquer horário. Mas ai entra outro fator importante: o trabalho que está sendo desenvolvido. Se for uma equipe de programadores, por exemplo, o horário realmente não é algo tão decisivo. Porém, se for uma equipe de vendedores ou suporte, os horários já são fundamentais.

Esta questão do horário será sempre algo bem pessoal e que você deve avaliar se faz sentido - ou não - na sua empresa.

Deixe ele produzir!

Um dos principais elogios que os membros da minha equipe me dão é que, ao contrário de outros clientes anteriores, eu deixo eles trabalharem. Na verdade, o meu objetivo é me comunicar da forma mais eficaz com a minha equipe. Por isso, cada tarefa é passada com data e objetivos. Isso faz com que eu interrompa os membros da equipe poucas vezes durante o dia.

A ferramenta que usamos, o Basecamp, ajuda a que isso aconteça. Através dela eu não sei se o membro da minha equipe visualizou a minha mensagem ou sequer se ele está online. Eu só vou saber mesmo quando ele me responder.

Mas isso não será ruim Luciano? Eu perco todo o meu controle!

Sim e não. Repare: quanto menos você interromper o seu funcionário, mais ele consegue estar focado trabalhando. Com isso, mais rapidamente ele entrega o trabalho para você. Isso não significa que em determinados momentos você não possa falar com ele. Porém, pense: será que todas as vezes que você interrompeu ele era realmente necessário ou isso será apenas ansiedade sua?

Mas eu estou pagando por isso posso interromper ele!

Claro que pode. Só que você também está pagando caso ele comece a se atrasar e não entregar na data combinada.

Uma coisa que é necessário que os empreendedores aprendam: não é por a pessoa estar online que ela tem que responder. Isso acontece várias vezes comigo, inclusive.

Vamos a um exemplo atual. Estou escrevendo este livro. Estou bastante focado e a escrita está fluindo. Estou produzindo mais palavras por minuto do que nunca. Porém, agora mesmo, alguém me perguntou se amanhã podemos reunir. Vejo a notificação. Porém, será que devo responder a essa pessoa? Será que devo parar este meu momento de foco para responder a uma pergunta que não é urgente? E mesmo que responda, quantas mensagens vou trocar depois disto ou quantos minutos vou demorar depois para voltar a produzir com esta intensidade?

E quando essa interrupção é no email ou no WhatsApp? Você e eu sabe o que acontece. Nós nunca vemos apenas um email ou uma mensagem. Vemos sempre vários emails e várias mensagens.

O ato de não ficar interrompendo serve exatamente para isso. Para que os membros da sua equipe possam se manter com foco total e para que o valor que você paga para eles produzirem possa ser bem empregue.

Reuniões são importantes?

Outra questão que me colocam é sempre relacionada com reuniões. Elas devem existir? E com que frequência? Eu já tentei abolir as reuniões na minha equipe ou limitar a apenas uma vez por semana. Fiz esse teste durante algum tempo. O próprio Basecamp, por exemplo, diz que faz poucas reuniões e que evita-as a todo custo. Porém, para mim não deu certo.

Sem reuniões, aconteciam algumas coisas. A primeira é que, por melhor que eu escreva, contatos por voz passam algo que a escrita mais dificilmente transmite: emoção. E sendo todos os membros da minha equipe portugueses e brasileiros, a emoção é algo importante para nós. Sentir como está a equipe psicologicamente é fundamental para um líder. E isso dificilmente é feito por texto.

Além disso, tem outra coisa: reuniões, onde podemos nos ver uns aos outros, brincar e perguntar coisas pessoais, criam uma conexão muito maior com a equipe. Reuniões, no nosso caso, não servem apenas para tratar de assuntos pessoais. São também um momento de descontração, onde criamos outro tipo de ligações.

No nosso caso, fazemos reuniões quase diárias. Principalmente pela manhã, onde alinhamos tudo, cobramos tarefas atrasadas e fazemos sessões em que discutimos ideias.

Uma coisa muito importante: anote todas as tarefas que surgirem da reunião e, um dos membros, precisa ficar responsável por depois colocar essas tarefas na ferramenta de gestão de tarefas (recomendaremos algumas mais à frente). Caso contrário elas ficarão soltas e isso pode resultar em tarefas não concluídas.

Outra coisa que fazemos bastante é a gravação de reuniões. Quando algum membro não pode assistir a uma reunião, gravamos para que depois ele possa assistir. Desta forma, as reuniões não são adiadas por não estarem todos os elementos presentes.

Dê acesso a tudo o que é necessário para trabalharem

Se existe algo que *mata* o tempo das equipes remotas são os problemas de acesso.

Qual a senha para isto?

Como faço o login para esta ferramenta?

Você pode me dar acesso à ferramenta tal?

Por vezes os membros da sua equipe podem ficar uma tarde inteira sem executarem uma tarefa porque simplesmente não tiveram acesso a algo fundamental para a realização dessa tarefa.

Designers que não têm acesso a todas as imagens, programadores que não têm acesso a ferramentas ou profissionais de marketing que não têm o login de redes sociais. Tudo isto são entraves para a produtividade da sua equipe.

É importante que se certifique que todos os membros têm acesso a tudo o que precisam para fazerem as suas tarefas, sejam senhas ou arquivos.

Mais horas não significa mais trabalho bem feito

Parece meio óbvio, mas muitos empreendedores continuam baseando a performance dos seus funcionários com base no tempo que eles trabalham e não no que eles produzem. Se no presencial isso já não faz muito sentido, no remoto menos sentido faz.

Basear a performance do membro da sua equipe com base no número de horas é dar vantagem para o puxa saco, que pouco produz mas que fica horas a mais para agradar o chefe, ao invés de valorizar aquele que trabalha menos horas mas que entrega o que foi planejado entre vocês.

Não ignore os fatores sociais

Gestores de equipes remotas costumam se tornar frios com o passar do tempo. Alguns começam a ver seus funcionários como apenas executantes de tarefas, mas saiba que existe muito além disso. Do outro lado, estão pessoas que também trabalham em casa e que têm seus anseios e problemas. E cabe a você, enquanto líder, ajudá-los nesse processo.

Deixa compartilhar com você uma dica que peguei do livro *O Coach de um Trilhão de Dólares*. O livro foi escrito por Eric Schmidt, Jonathan Rosenberg e Alan Eagle, três coachees que trabalharam com Bill no Google e que resolveram escrever tudo o que aprenderam com ele ao longo desse período. Bill Campbell foi mentor de nomes como Steve Jobs, Jeff Bezos ou Larry Page e portanto era um nome bastante conhece em Vale do Silicio.

Uma das coisas que eles relataram sobre Bill Campbell é que ele não começava as suas reuniões falando de trabalho, ele começava perguntado pela vida pessoal do membro da sua equipe. Ele queria saber como tinha sido o final de semana com a filha ou como esse membro da equipe tem passado. Essas perguntas surgiam no início das reuniões e são uma forma de criar uma relação mais próxima com quem trabalhava com ele. Tenho adotado essa estratégia com a minha equipe e tem funcionado bem. Acabamos ficando mais próximos e isso depois se traduz num trabalho mais produtivo e saudável.

O que você pode fazer para ter a sua equipe mais unida? Como já referi no livro, reuniões diárias podem ajudar bastante nisso. Nessas reuniões, diga para todos terem a câmera ligada. Isso vai vos deixar mais próximos. Outra coisa que pode fazer é tentar com que, uma vez por ano, a sua equipe se reúna fisicamente num local.

Como já mencionei neste livro, trabalhei em conjunto a JivoChat durante 3 anos. A Jivo, como gosto carinhosamente de chamar, tem mais de 100 pessoas trabalhando remoto e uma vez por ano eles reúnem todo o time. Durante 2 semanas cerca de 100 pessoas vão para a Rússia, conhecem algumas cidades daqueles país e desenvolvem projetos juntos. Passei momentos muito bacanas com eles e hoje, curiosamente, as principais memórias que tenho deles estão mais relacionadas com essas visitas à Rússia, do que propriamente com projetos que desenvolvemos juntos. Lembre-se da mítica frase de Carl W. Buehner: As pessoas esquecerão o que você disse, as pessoas esquecerão o que você fez, mas nunca esquecerão como você as fez sentir.

Ofereça treinamentos

Com uma equipe remota, já vimos que você consegue poupar vários milhares de reais por mês. E uma coisa que você pode fazer com esses reais que você poupa é comprar treinamentos para a sua equipe. De tempos a tempos, compro treinamentos online ou presenciais para a minha equipe. Isso provoca duas coisas: deixa eles mais motivados e melhora também a performance deles. Se comprar treinamentos online, ainda tem a vantagem que pode compartilhar esses treinamentos com outros membros da equipe.

Resumo de final do dia

Um dos hábitos que tem nos ajudado bastante enquanto equipe tem sido o de, no final do dia, cada membros fazer um resumo do que tem feito.

Mas como funciona isso na prática?

Através do Basecamp, nós criamos um robô que no final do dia pergunta a todos os membros o que eles fizeram. Isso é algo que eu combino com eles antes de eles começarem a trabalhar. Responder ao robô diariamente é obrigatório. É uma forma de se deixar um registro de tudo o que foi feito. Faço isso por mim e por eles. Por mim, porque consigo ver tudo aquilo que eles fizeram. E por eles, para que eles reflitam se realmente estão sendo produtivos.

O que cada um fez fica público, então todos conseguem ver o que foi feito pelo outro. É uma regra que não abro mão e que tem produzido excelentes resultados.

É como se fosse um diário das nossas tarefas. Recomendo que teste.

Tenha 2 meios de comunicação

Já falei aqui o motivo de não gostar do WhatsApp. Porém, ele é usado apenas num momento: em momentos de emergência. O que combinei com a minha equipe foi o seguinte: diariamente, toda a nossa comunicação é pelo Basecamp. Porém, se algo urgente surgir, uma ligação pelo WhatsApp deve ser feita. O que seria algo urgente? O site ficou offline, uma conta de anúncios foi bloqueada ou um cliente fez uma reclamação e tudo precisa ser resolvido naquele momento.

Em situações como essa, uma ligação é necessária pois não há tempo a perder. Desta forma, conseguimos um equilíbrio. Por um lado, mantemos o foco no Basecamp. Por outro, não nos tornamos lentos em respostas urgentes.

É o ideal este modelo? Não sei. Mas é importante realçar que a sua equipe precisa ter um meio de comunicação para coisas urgentes. E eles precisam saber qual é.

Como demitir alguém?

Este é talvez é um dos momentos mais difíceis de um líder. As poucas vezes que tive que demitir membros da equipe, foi sempre uma dor no coração. Porém, faço esse processo com todo o cuidado e quero compartilhar ele com você.

Quando vejo que alguém não está produzindo como deveria, aviso ela várias vezes. Pergunto por atrasos e tento saber como posso ajudá-la. Se mesmo assim as coisas não se resolverem, volto a fazer uma reunião - sempre com a câmera ligada - e faço um ultimato. Digo que não estou gostando do trabalho dela e que, se nos próximos 30 dias as coisas não melhorarem, deixaremos de trabalhar juntos.

Por norma, metade dos membros começam a produzir como nunca. O meu objetivo com este método é que, caso precise demitir ela, isso não seja uma surpresa para a pessoa. Quero dar a ela todas as oportunidades de melhorar. Isso faz parte do trabalho de um líder: tentar que a sua equipe produza o máximo que consegue.

Devo pagar as férias?

Uma das coisas que mais me deixava triste e frustrado quando dava aulas de tênis, era que apenas recebia 11 salários por ano, pelo fato de ser contratado pelo número de aulas. O mês de férias eu não recebia. Isso fazia com que esse mês fosse, muitas vezes, um inferno para mim. Como recebia pouco, acabava ficando o meu mês de férias em casa, pois não tinha dinheiro para passear. Deste essa altura, eu prometi para mim que mesmo que tivesse uma equipe de freelancers, pagaria as férias. E é assim que faço com a minha equipe desde o início. Apesar de no mês de férias eles não trabalharem, eu pago o salário para eles. Se você quer ter uma equipe feliz e ser um líder que faz a diferença, recomendo que faça o mesmo.

Capítulo 4

As melhores ferramentas

Trabalhar remoto significa saber escolher as ferramentas certas. Até encontrar aquelas que realmente faziam a diferença no meu negócio, eu demorei alguns anos. E pode acreditar: eu experimentei todo o tipo de ferramentas! Tanto aplicativos de equipes como para mim mesmo. E posso garantir uma coisa para você: Aplicativos e ferramentas não fazem milagres.

O que vai realmente fazer a diferença na sua equipe é você aplicar todos os conceitos que falamos até aqui. As ferramentas são uma ajuda. Elas ligam a teoria à prática. Eu acredito que uma equipe remota precisa ter ferramentas que resolvem alguns pilares. São eles:

- Comunicação
- Gerenciamento de Projetos
- Reuniões
- Brainstorming
- Produtividade
- Senhas
- Outras

Dependendo da sua área de negócio, pode ser que você precise de mais ferramentas do que as que vou listar. Porém, estas daqui já vão dar uma bela ajuda no seu negócio remoto.

Nota: Todas as informações sobre as ferramentas têm como base o dia que escrevo este livro. Por isso, pode ser que com o passar do tempo, algumas delas alterem funcionalidades ou mudem de preço.

Comunicação

Coloquei a parte da comunicação logo no início e isso não foi por acaso. Se eu tivesse que ficar só com uma ferramenta, eu escolheria a de comunicação. Ela é vital para que tudo aconteça no remoto. Por isso, ela deve ser a ferramenta que você escolhe com mais cuidado. Vamos às que eu recomendo:

Basecamp

A que eu uso e que recomendo que teste como opção principal. O Basecamp, além de dar a possibilidade de gerenciar projetos, também serve para comunicação. Com ela, você consegue falar com todos os membros da sua equipe, criar grupos de projetos ou canais só com pessoas específicas.

Como já expliquei, nele você não consegue ver se o membro da sua equipe está online e também não consegue ver se ele finalizou a mensagem. Porém, isso é feito propositadamente para que os membros da sua equipe possam se focar nas tarefas que estão realizando.

Outra coisa que gosto bastante no Basecamp é o Focus Mode. Ele funciona da seguinte forma: quando você ativa ele, você não recebe qualquer notificação do Basecamp. Nem no computador, nem no celular ou no iPad. Onde você tiver o seu Basecamp instalado, as notificações desaparecem. Enquanto escrevo o livro, tenho essa opção ativa. Desta forma, não sou interrompido e a minha escrita flui.

Todas as conversas do Basecamp ficam gravadas e consigo puxar o histórico delas independentemente da data. A sua busca funciona muito bem. O Basecamp tem uma versão grátis e uma versão paga, que começa nos 99 dólares.

Link de acesso: https://basecamp.com/

Slack

O menino bonito das equipes remotas. Usei o Slack durante muitos anos e ela é uma excelente ferramenta de comunicação. O Slack funciona da seguinte forma: é uma ferramenta de comunicação onde você pode falar em privado com os membros da equipe ou com vários membros, através dos canais. Imagine que você tem a equipe de marketing e de design. Você pode ter uma canal geral, onde todos se falam, e um canal privado para qualquer uma das equipes.

O Slack tem outras coisas bastante interessantes como a possibilidade de pesquisar todas as conversas, fazer ligações em grupo ou integrar com ferramentas como o G Suite.

Outra parte bacana é que a versão gratuita vai dar para a maioria das coisas que você quer fazer. Na minha empresa usei a versão gratuita durante muito tempo antes de migrar para o Basecamp. A versão paga começa em 4 dólares por mês por usuário.

Link de Acesso: https://slack.com/intl/pt-br/

Facebook Workplace

A ferramenta de gerenciamento de projetos do Facebook também pode ser uma excelente opção. Ele funciona de modo parecido com o Facebook pessoal só que tem algumas funcionalidades extras focadas em equipes remotas. Imagine um Facebook onde só tivessem os membros da sua equipe? Isso é o Facebook Workplace.

Através do Messenger, você consegue se comunicar com toda a equipe. Conversas privadas, em grupo ou chamadas entre várias pessoas do grupo são apenas algumas das funcionalidades que ele permite.

A vantagem do Facebook Workplace é que ele não obriga a um período muito longo de adaptação: como a sua equipe já está acostumada ao Facebook, a adaptação tende a ser bastante rápida.

Além disso você pode ser fazes lives dentro da ferramenta, enviar mensagens de voz, arquivos e, obviamente, texto. Para quem tem equipes internacionais, aqui vai algo extremamente útil que só encontrei na ferramenta do Facebook: o tradutor. Se você tem alguém na sua equipe que fala outro idioma, o tradutor vai te ajudar, traduzindo automaticamente tudo aquilo que ela escrever no chat.

A versão grátis resolve grande parte dos seus problemas de comunicação. O plano pro começa nos 4 dólares mensais.

Link de acesso: https://web.facebook.com/workplace/

Flock

Uma ferramenta com um design fantástico e 100% focada em conversas de trabalho. O Flock permite que você tenha conversas privadas, canais públicos e canais privados, muito semelhante ao Slack.

Uma coisa interessante do Flock é que ele tem um sistema de votação dentro das conversas. Imagine o seguinte: que eu estou indeciso entre duas capas para este livro. Ao invés de fazer uma reunião com a equipe, posso fazer uma enquete dentro do canal da empresa e cada membro votar na capa que mais gosta. Excelente! Poupa muito tempo e é uma forma muito democrática de tomar decisões.

Ele também permite que faça ligações com a sua equipe e tem a possibilidade de criar listas são tarefas, apesar de, na minha opinião, ainda não ser suficiente para substituir um aplicativo de gerenciamento de projetos.

A versão grátis é ilimitada quanto ao número de usuários, mas as ligações apenas podem ser individuais. Já a versão paga, começa nos 4.50 dólares por mês.
Link de acesso: https://flock.com/

Gerenciamento de Projetos

Além de uma ferramenta de comunicação, você vai precisar de ter uma ferramenta onde você cobre aquilo que a sua equipe deve fazer. Você precisa de uma onde possa colocar tarefas, datas e receba avisos se as tarefas estão sendo cumpridas ou não. Vamos a algumas das melhores ferramentas para isso:

Basecamp

Além de chat, ela serve também para você gerenciar projetos. O Basecamp tem algumas funcionalidades que amo. Vejamos algumas:
• Criar listas de tarefas onde recebo avisos se alguém está se atrasando
• Criar inúmeros projetos na versão paga
• Um design simples e robusto. Em 3 anos de uso, nunca me deu problemas
• O robô ajudante deles auxilia a equipe a se lembrar de tarefas
• Todos os arquivos ficam dentro de cada projeto
• A sincronização entre os vários dispositivos é perfeita
• O suporte é extremamente rápido. Nunca fiquei mais do que 10 minutos esperando por uma resposta deles
• Template de projetos. Você pode criar template para os seus projetos. Quando começar um novo, ele já começa com todas as tarefas definidas
Link de acesso: https://basecamp.com/

Trello

A ferramenta que cheguei a usar durante muitos anos para gerenciamento de tarefas, antes de mudar para o Basecamp. O Trello está no mercado há muito tempo e o sistema de tarefas dele funciona no conceito de Kanban. No Kanban, cada fase do projeto representa uma coluna e cada coluna tem vários cards. Cada card é uma tarefa. Conforme cada tarefa vai avançando na fase do projeto, o card é movido.

O Trello não tem qualquer ferramenta de comunicação integrada e ele parte do princípio que as conversas devem acontecer dentro de cada tarefa. Cada tarefa tem subtarefas e um responsável por concluir cada uma delas.

A versão gratuita serve para a maioria das coisas no Trello, mas a versão paga tem outras funcionalidades bastante interessantes. Você consegue ter uma visão de calendário de todas as tarefas, repetição de tarefas ou pedir para o Trello avisar quando uma fase do projeto está com excesso de tarefas.

A versão paga começa nos 9,99 por mês por usuário.

Link de acesso: https://trello.com/pt-BR

Meistertask

Super parecido com o Trello, mas com um design mais atual. Tudo o que falei para o Trello serve para o Meistertak. Sistema Kanban, comentários apenas nas tarefas, sem chat e bem simples de usar.

Ele tem outra coisa bem interessante, que pode ajudar a produtividade da sua equipe. A possibilidade de fazer o trackeamento do tempo de trabalho em cada tarefa. Basta clicar num cronómetro que está em cada tarefa e pronto. Enquanto estiver fazendo essa tarefa, o tempo vai correndo.

A empresa que criou ele também criou o MindMeister, uma ferramenta de criação de mapas mentais que falaremos mais à frente. Por isso, se você usar bastante mapas mentais, pode ser uma excelente forma de integração entre duas ferramentas.

Ele começa nos 4,19 dólares por usuário por mês na versão paga.

Link de acesso: https://www.meistertask.com/pt

Nota: Existem outras ferramentas semelhantes ao Trello e ao Meistertak, mas não vou me aprofundar sobre elas pois as funcionalidades são bem semelhantes. Segue uma lista para você verificar, caso pretenda:

- Runrun.it
- Asana
- Monday.com

Reuniões

Fazer reuniões, como já vimos, é fundamental na equipe remota. Porém, você precisa das ferramentas certas. Se você usar o Slack ou o Flock, eles próprios já têm uma ferramenta de reuniões. Porém, as restantes não têm. Aqui vão as duas que eu recomendo:

Zoom

É a que eu uso e recomendo de olhos fechados. O Zoom é uma ferramenta que dá tanto para reuniões internas como para reuniões externas. Veja o que consegue fazer com o Zoom:

- Ter até 100 pessoas nas suas reuniões, usando a versão gratuita
- Compartilhar a sua tela
- Ter um bate papo – estilo chat – durante as reuniões
- Gravar a sua reunião e depois enviar ela para quem não conseguiu assistir
- Desenhar na tela de quem compartilhou a tela (extremamente útil)

• Usar um quadro branco para desenhar enquanto está em reunião. Extremamente útil para quando quer explicar uma ideia

• Ativar ou desativar o som e a câmera de outros participantes

Existe, ainda, outras coisas que gosto bastante no Zoom:

• A versão gratuita do zoom tem muitas funcionalidades e resolve a maioria dos problemas

• Tem uma ótima estabilidade, falhando poucas vezes

• A qualidade de imagem é ótima (repare que eles até têm um filtro que nos deixa mais bonitos. É verdade!)

Para quem dá aulas, o Zoom acaba por ser bastante interessante e ele é praticamente um 2 em 1: permite dar aulas e fazer reuniões.

Nas minhas aulas de mentoria do marketing eu uso o Zoom e todos os meus alunos amam a ferramenta. Ele funciona para qualquer sistema operacional. Ele também tem aplicativo para celular e tablet, mas usar nesses dispositivos eu não recomendo. A experiência no computador acaba sendo bem mais completa.

Link de acesso: http://zoom.us/

Whereby

O Whereby é uma ferramenta mais simples em todos os sentidos. Ela é mais prática que o Zoom, mas também mais limitada. Com o Whereby, você cria uma sala. Depois, dá o link dessa sala para as outras pessoas que vai fazer a reunião e pronto, podem se reunir. Não é necessário baixar qualquer aplicativo.

Porém, a versão grátis só permite que faça reuniões com até 4 pessoas. Já a versão paga, que custa 9,99 dólares por mês, permite 12 participantes e a mais cara, de 59,99, permite até 50 participantes.

Ele permite, ainda, que grave as reuniões, compartilhe a sua tela e que a sua sala tenha o seu próprio domínio nas versões pagas.

Link de acesso: https://whereby.com/

Brainstorming

Uma das maiores dificuldades quando falamos de equipes remotas é fazer um brainstorming sobre ideias. Mas o que é um Brainstorming? É você debater com a equipe ideias de projetos ou negócios. Presencialmente, com um quadro branco, com a possibilidade de desenhar ou de conversar pessoalmente, fica mais fácil debater ideias. Mas, remotamente, como fazer isso? Existem duas ferramentas que podem ajudar no Brainstormin.

MindMeister

Dos criadores do Meistertask, o MindMeister é uma ferramenta poderosa para a criação de mapas mentais. Uso ela deste 2013 e já experimente outras que fazem a mesma coisa e posso garantir: não existe nenhuma tão poderosa quanto esta.

Ele funciona através do navegador se usar no computador e tem apps também para celular.

Mas, o que é um Mapa Mental? Ele é um diagrama, no qual a partir de uma palavra ou frase central. A partir daí, você vai criando ramificações, como se fossem raízes de uma árvore. Para entender, nada melhor do que mostrar o próprio mapa mental da escrita deste livro:

Cada capítulo do livro é uma ramificação do centro, que é o próprio livro. Depois, capa capítulo tem um subcapítulo (outra ramificação) e por ai vai.

Mas qual a razão de um mapa mental ser tão útil?

Como não existe qualquer limitação física nem visual, você pode ir colocando novos pontos e possibilidades com uma facilidade enorme, o que melhora a sua criatividade. E, com as ferramentas de hoje em dia, inserir cores, novas imagens e links tornam a construção de um mapa mental ainda mais eficaz.

O MindMeister tem uma versão gratuita que tem algumas limitações, principalmente quanto ao número de mapas mentais que consegue criar. Eu uso a versão paga há muitos anos e posso garantir que vale cada centavo.

Link de Acesso: Mindmeister.com

Miro

Se Mapas Mentais não for a sua praia, pode optar pelo Miro. Ele simula um quadro branco, no qual você e sua equipe podem inserir *posts its*, dando a sensação de que estão trabalhando pessoalmente em conjunto.

Funciona da seguinte forma: você e sua equipe se juntam, escolhem um template do Miro e a partir daí vão debatendo ideias. E nesse template vocês podem inserir imagens, vídeos e todo o tipo de arquivos que vão ajudar ao debate de ideias.

A versão grátis dá para experimentar tranquilamente a ferramenta e entender se ela é para você. Depois disso o valor cobrado é de 8 dólares por usuário por mês.

Link de Acesso: https://miro.com/

Produtividade

Além de tudo isto, você ainda precisa ficar preocupado com a sua produtividade. Para ajudar você, existem algumas ferramentas extremamente úteis. Ferramenta que eu, inclusive, compartilho com a minha equipe para que eles também possam se tornar mais produtivos eles mesmo.

A questão da produtividade trabalhando remotamente é extremamente importante. Na sua casa e no computador existem várias distrações que podem, facilmente, roubar várias horas do seu dia, por isso ter as ferramentas certas é essencial. Confira algumas que uso e que podem te ajudar:

Loom

Esta ferramenta resolve um problema bem simples mas constante: gravação de telas. Imagine o seguinte problema. Você quer explicar o que está acontecendo no seu site a um membro da sua equipe. O que você faz? Você tem 2 hipóteses: 1) Explicar por texto (Mais complicado) 2) Fazer uma reunião (mais demorado). Qual você escolheria?

Com o Loom, você não precisa de fazer nem uma nem outra. Através desta ferramenta, você faz o seguinte:

1) Gravar a tela do seu computador
2) Essa gravação sobe automaticamente para o Loom
3) Ele gera um link.
4) Você compartilha esse Link com o membro da sua equipe

Pronto, problema resolvido. E o Loom ainda tem outras coisas muito interessantes. Uma delas é a possibilidade de ver se o membro da sua equipe clicou no link que você enviou. Outra das funcionalidades, é você conseguir acelerar a velocidade do vídeo que está visualizando. Ideal para aqueles vídeos mais lentos e onde você não tem tempo a perder.

Link de Acesso: https://www.loom.com/

Monosnap

Esta é outra ferramenta que não dispenso. Por conta dos meus sites e dos artigos que escrevo, uma coisa que faço muito é tirar prints das telas. Só que estar editando todas as imagens no Photoshop pode ser algo demorado e que exige algum estudo. Nessa situação, o Monosnap resolve o meu problema. Tiro o print da tela com a ferramenta e automaticamente posso editar ela através do app.

Atualmente os computadores da Apple já fazem algo parecido, mas mesmo assim o Monosnap tem outras funcionalidades que vale a pena ressaltar.

Em primeiro lugar, além de imagem, ele permite gravar a tela em vídeo com extrema facilidade (parecido, em certa parte, com o Loom). Além disso, a imagem que você editou ou o vídeo que você gravou, não precisam ser baixados para o computador: o Monosnap também cria um link para você enviar para quem vai receber a imagem ou o vídeo.

E felizmente a versão gratuita dá para fazer tudo isto tranquilamente.

Link de acesso: Monosnap.com

Just Focus

Uma das técnicas que mais me ajudou na minha produtividade tem sido a técnica de Pomodoro. Esta técnica foi criada pelo italiano Francesco Cirillo no final dos anos 1980. A técnica consiste na utilização de um cronômetro para dividir o trabalho em períodos de 25 minutos, separados por breves intervalos.

A técnica deriva seu nome da palavra italiana pomodoro (tomate), como referência ao popular cronômetro gastronômico na forma dessa fruta. O método é baseado na ideia de que pausas frequentes podem aumentar a agilidade mental.

No meu caso, uso Pomodoros de 30 minutos com intervalos de 2 minutos. Mas para isso eu preciso de um app e o que uso é o Just Focus. Ela é bem simples: Inicio o meu Pomodoro; quando ele termina, o app abre uma janela com um cronômetro, que é o tempo de descanso; quando esse intervalo de descanso termina, eu volto a trabalhar.

Esse intervalo serve para eu levantar, esticar as pernas ou pegar algo para comer. Desta forma, me mantenho mais focado em períodos curtos e consigo ser mais produtivo. Esta técnica surgiu porque o nosso cérebro ele tem uma capacidade limitada de se manter focado e em alta performance. Ou seja: é praticamente impossível nos mantermos 100% focados em todos os momentos do nosso trabalho.

Segundo um estudo do Bureau of Labor Statistics, apesar dos americanos trabalharem, em média, 8.8 horas por dia, eles na verdade só são produtivos durante 3 horas desse dia.

Geralmente eles se distraem com:

• Lendo notícias em sites -- 1 hora 5 minutos por dia

• Verificando as redes sociais -- 44 minutos por dia

• Discutindo coisas não relacionadas ao trabalho com os colegas de trabalho -- 40 minutos por dia

• Procurando novos empregos--26 minutos por dia

• Fumando--23 minutos por dia

• Fazendo ligações com parceiros ou amigos--18 minutos por dia

• Fazendo bebidas quentes--17 minutos por dia

• Enviando mensagens de texto--14 minutos por dia

• Comendo--8 minutos por dia

• Fazendo comida no escritório--7 minutos por dia

Na verdade, vai ser impossível ser produtivo todo o seu período de trabalho. Porém, o objetivo será sempre ser o mais produtivo possível e nisso a técnica de Pomodoro pode te ajudar bastante.

Link de Acesso: Pesquise para Just Focus na App Store

Day One

Lembra que eu comentei que a minha equipe todos os dias escreve o que fez no seu dia de trabalho? Pois é, eu também faço isso, só que num diário pessoal. Para isso eu uso o Day One. Este app funciona como o meu diário. O que vou fazendo vou anotando nele. Eu anoto tanto tarefas como pensamentos pessoais ou acontecimentos do próprio dia. Através dele mantenho um registro do que vou fazendo.

Na sociedade, o hábito de ter um diário, com o tempo, foi se perdendo e aos poucos foi se associando a escrita de um diário a…crianças e adolescentes.

Só que manter um diário pode ser um excelente momento de reflexão e de autoconhecimento.

E se eu disser para você que pessoas como Leonardo Da Vinci, Beethoven, Charles Darwin ou Winston Churchill mantinham um diário?

Desde que comecei a ter este hábito, duas coisas aconteceram. A primeira é que passei a ter um momento de reflexão comigo mesmo ao final do dia. Nem que fossem 10 minutos, mas tinha. E isso me ajudou sempre a refletir sobre várias coisas. A segunda é que toda essa reflexão acabou me deixando mais produtivo. É como se eu tivesse uma sessão de Coaching comigo mesmo e cobrasse de mim mesmo. Parece meio louco, mas funciona.

Link de acesso: https://dayoneapp.com/

Things

Um app que eu amo e que não vivo sem. O Things é o meu gestor de tarefas pessoal. É ele que me dá o norte sobre várias coisas da minha vida. Através dele uso a técnica *Getting Things Done*, do David Allen, também conhecido em português como A Arte de Fazer Acontecer. Esta é uma metodologia de organização e produtividade para organizar o seu dia. Não vou entrar muito em detalhes de como esta metodologia funciona, mas só posso dizer uma coisa: apesar de ela parecer um pouco complicada ao início, ela funciona.

Mas qual a razão de eu usar o Things? Existem várias mas vou destacar aqui algumas:

• O design dele é fantástico, tornando mais fácil manter a produtividade e cumprir tarefas

• Tenho tudo sincronizado na nuvem sem precisar de pagar qualquer valor mensal

• O app em 4 anos que uso nunca me deixou na mão

• Funciona muito bem no Apple Watch. Com um simples áudio mando uma tarefa do relógio para o Things
• Consigo criar tarefas repetitivas e lembretes
• É fácil inserir tarefas no Things a partir do Mac. Um simples atalho e a tarefa está lá

Se você é usuário Apple, use este app que você não vai se arrepender. Você vai precisar de pagar o Things em todos os seus dispositivos Apple, mas vale a pena. Se você não for usuário Apple, uma boa alternativa é o Todoist, igualmente interessante.

Link de acesso: https://culturedcode.com/things/

Seguem, abaixo, outros apps que uso e que me ajudam a aumentar a produtividade. Não considero eles tão obrigatórios assim, mas dão uma ótima ajuda:

- TextExpander: crie atalhos para palavras e expressões repetidas que escreve no dia-a-dia.
- Alfred: o meu ajudante quando faço qualquer busca no Mac. Extremamente rápido e essencial nas minhas buscas.
- Keynote: Já há alguns anos que não faço apresentações no Power Point. Uso apenas o Keynote
- Ulysses: a ferramenta que usei para escrever 3 livros em 3 anos. Fundamental para quem gosta de escrever.
- Streaks: Uma app fantástica para manter hábitos e criar novos
- Brain.fm: Um app apenas com sons para aumentar o seu foco ou fazerem você relaxar. Estas playlists são criadas com base em estudos científicos

Gerenciamento de Senhas

Uma das coisas que trava empreendedores com equipe remota são as senhas. Conheço alguns que nunca sabem os seus logins para os sites. E quando sabem, é porque usam sempre a mesma senha. O que é um erro tremendo!

Usar sempre a mesma senha é o passo mais fácil para um hacker roubar seus dados e conseguir invadir outros aplicativos ou ferramentas mais importantes. O que é melhor a se fazer? Usar um app de gerenciamento de senhas. A maioria deles funciona da seguinte forma: você define uma senha mestra para esse App. Essa é a única senha que você precisa para aceder a todas as outras senhas.

Além disso, apps de gerenciamento de senha criam para você todas as senhas que você precisa. Você não precisa ficar inventando senhas com combinações malucas. Criou um novo login? Vai no seu gerenciador de senha, ele criar a senha para você e pronto, está feito.

Existem vários apps que fazem isso, mas vou recomendar aqui o que eu uso e outros igualmente conhecidos:

- Secrets: um app extremamente simples. O app foi criado por um português e ele só é pago uma única vez por dispositivo. Eu amei o design simples e prático dela. Porém, ele não tem a opção de gerenciamento de senhas para times, ao contrário dos seguintes apps da lista. E um detalhe: só tem para usuários Apple.
- 1Password: Talvez o mais conhecido gerenciador de senhas do mundo. Nela, você consegue criar grupos de senhas e compartilhar elas com a sua equipe. Imagine que você tem senhas de bancos e precisa compartilhar com a financeira do sua empresa. Você cria o grupo das senhas da financeira e compartilha com ela. Dessa forma, só ela tem acesso a essas senhas e outros membros da equipe não. Tem o período grátis de 30 dias.
- LastPass: Talvez a ferramenta de gerenciamento de senhas mais usada no mundo. Ele faz praticamente tudo o que o 1Password faz. Porém, ele tem a versão gratuita, algo que a concorrente não tem. A versão pro começa nos 3,00 dólares por mês.

Outras

Google Drive

Uma coisa determinante na equipe remota são os arquivos. Todas precisam deles. Sejam eles arquivos de imagens, escrita ou planilhas. E, atualmente no mercado, não existe melhor ferramenta para isso que o Google Drive. Através dele, toda a minha equipe produz arquivos de texto e organiza as planilhas de marketing dos meus produtos. É talvez, de todos estes, o app que mais uso. Se você quer realmente ter uma equipe remota produtiva, Google Drive é uma opção obrigatória.

Ferramentas não fazem milagres

Queria terminar este capítulo com uma informação determinante e que não me canso de repetir. Muitos pensam que apps e ferramentas fazem milagres. Não, elas não fazem. Elas são apenas uma ajuda para que você possa produzir mais.

Se você não usa ferramentas, recomendo que comece usando no máximo umas 3 aqui da lista. Se entupir de ferramentas quando você não tem o hábito de usá-las só vai prejudicar a sua produtividade. O importante é você usá-las diariamente e fazer delas um hábito (nota: o livro Poder do Hábito é excelente e fala bastante sobre este tema, recomendo a leitura).

No caso das ferramentas, claramente menos é mais.

Capítulo 5

Rotina de um trabalhador remoto

Parabéns, você já tem tudo aquilo que precisa para criar uma equipe remota. Você já sabe como contratar, como gerenciar e também quais ferramentas deve usar. Porém, falta uma coisa: você saber gerenciar o seu próprio tempo. De nada adianta você contratar certo mas depois não ser produtivo. Você precisa ser o melhor funcionário da sua empresa.

Ao longo deste capítulo, vou compartilhar algumas estratégias de produtividade que uso há muitos anos. Produtividade sempre foi um tema que me apaixonou bastante e já li bastante sobre o tema. O que vou passar para você não são regras definidas, porém, considere colocar algumas destas dicas no seu dia-a-dia. Produtividade é algo bastante pessoal e você precisa encontrar o seu próprio caminho.

Leia todo este capítulo e, se possível, compartilhe algumas dicas que encontrar por aqui com a sua equipe. Como líder, você precisa ajudar a sua equipe a ser mais produtiva.

Remoto não significa o tempo todo em casa

Um dos hábitos que adquiri ao longo dos últimos anos foi o de quebrar padrões de rotina. Ficar o tempo todo em casa pode significar, ao fim de algumas semanas, algo bastante solitário. Por isso, de tempos a tempos, gosto de ir trabalhar para um Cowork ou para um café. Neles, vejo pessoas, converso e faço novas amizades.

Uma das desvantagens de você trabalhar em casa é que a sua realidade é muito diferente da maioria das pessoas. Por isso, por vezes é importante *voltar ao mundo normal*, falando com pessoas que não têm uma rotina igual à sua.

Procure por cafés na sua cidade onde seja possível trabalhar em casa e que tenham pouco barulho. Obviamente, não vá para cafés em dias de reuniões importantes ou em dias que precisa gravar aulas.

Perigos de se trabalhar em casa

Nem tudo são rosas no trabalho remoto. O isolamento e a mistura fácil entre a vida pessoal e profissional podem ser problemas graves, que se não forem cuidados podem gerar maiores problemas como depressão ou *burnout*. Eu mesmo, em 2014, como já expliquei no livro, fui vítima deste excesso de trabalho.

Seguem alguns dos principais perigos de você trabalhar em casa, para que possa ficar atento a todos os sinais:

- Solidão. Você começa a se sentir sozinho e perde todos os seus laços de amizade
- Trabalhar o tempo todo. Se você gosta realmente do que faz, trabalhar o dia todo é um risco sério que você corre. Pode parecer algo bacana, mas a longo prazo tem o seu preço

- Trabalhar na cama e no sofá. Além de prejudicar a sua produtividade, também vai prejudicar a sua postura, que pode gerar problemas como tendinites
- Trocar o dia pela noite. Se torna muito fácil dormir até tarde e consequentemente trabalhar de madrugada. Isso acaba com a sua (pouca) vida social e com a saúde

Como evitar que tudo isto aconteça? Existe duas palavras fundamentais para evitar todos estes problemas: rotina e hábitos. Você precisa criar rotinas e hábitos que te mantenham produtivo ao longo do dia e ao mesmo tempo permitam que você viva a sua vida fora do trabalho.

Existem muitos empreendedores que começam a equipe remota para que tenham mais liberdade, mas no final se vêem presos a uma rotina que significa trabalho e mais trabalho.

É errado pensar que hábitos aprisionam você. Na verdade, hábitos permitem que o seu cérebro tome decisões mais facilmente, sem precisar de gastar tanta energia.

Pense no exemplo de escovar os dentes. Se você é uma pessoa que escova os dentes todos os dias há muitos anos (e assim eu espero), esse hábito acaba consumindo muito pouca energia no cérebro. Por isso é que, por vezes, você escova os dentes, mas depois nem se lembra que escovou. O seu cérebro já faz isso de forma automática.

A verdadeira liberdade é impossível sem uma mente liberada pela disciplina (Mortimer Adler)

Se numa rotina normal, hábitos e rotinas já são importantes, essa realidade no trabalho remoto é ainda mais importante. Você não tem um chefe dizendo o que você precisa fazer nem uma loja que você precisa abrir. Se quiser, você pode sim dormir até mais tarde, comer que nem um louco e até ficar bêbado enquanto trabalha. Ninguém estará lá para julgar você. Porém, a sua saúde e a sua produtividade julgarão você a longo prazo.

Seguem algumas rotinas que tenho seguido e que me têm ajudado a evitar problemas ligados ao trabalho remoto:

- Não negociar com o despertador. Ele tocou? Levante. Não há negociação possível com o despertador.
- Começar o dia fazendo exercício. Para mim funciona, mas este é um hábito extremamente pessoal. Se preferir exercício ao final do dia, está tudo bem. Se estiver fazendo exercícios já pode ser considerado algo positivo.
- Ter um aplicativo para hábitos. No meu caso uso o Streaks. Ele me lembra de que preciso beber 1 litro de água por dia ou fazer pelo menos 30 minutos de exercício por dia.
- Deixar o celular longe de mim. Ao final de semana muitas vezes deixo manhãs ou tardes o celular longe de mim. É impressionante como ele acelera o nosso dia. Se quiser ter noção real disso, tente passar 24 horas sem celular. Vai ver como o seu dia vai passar bem mais devagar.
- Ter um diário. Isso me ajuda a refletir o que quero para o dia e o que fiz durante a minha jornada de trabalho.
- Tenha gatilhos matinais que façam iniciar o seu dia. Pode ser o exercício, um banho ou até ouvir a sua playslists favorita. Lembre-se: você precisa dizer ao seu cérebro que o dia começou.

Quem está com você em casa precisa entender que você está trabalhando

Num trabalho *comum*, problemas de falta de foco e concentração costumam vir de fora. É um colega chato que interrompe o tempo todo ou um cliente que não para de encher o saco. Porém, no remoto os problemas costumam vir de dentro da nossa casa. Mais propriamente da nossa família e amigos.

É comum os restantes membros de casa acharem que, se estamos em casa, podemos ser interrompidos o tempo todo ou que podemos tirar as pausas que quisermos.

Desde o início é fundamental que eduque todos os membros da sua casa que você tem um horário a cumprir e que, quando você está nesse horário, você está trabalhando. E isso inclui não só não interromper, mas também não fazer barulho no seu local de trabalho. É determinante que eles entendam isso.

Faça uma coisa de cada vez

Fazer multitarefas é um dos principais problemas dos trabalhadores atuais. E não falo só dos remotos não: qualquer profissional hoje tem acesso a um computador e celular. E esses dispositivos querem o mais valioso que existe hoje em dia: a nossa atenção. Todos os aplicativos e redes sociais são planejados com o objetivo de fazerem com que passemos o máximo de tempo neles. Quando mais tempo passarmos no Facebook, por exemplo, maiores as nossas chances de clicarmos num anúncio pago. Acredite, sei do que falo: trabalho com redes sociais há quase 10 anos.

Além disso, se criou o mito de que alguém que faz multitarefa é mais dinâmico e produtivo. Isso é um erro e vários estudos já indicam isso. Quando você troca entre uma tarefa e outra, o seu cérebro precisa de identificar que tarefa é essa e depois começar a trabalhar nela. Tudo isso envolve energia que poderia estar sendo usada na sua tarefa específica.

Você pode fazer aquilo que os especialistas chamam de trabalhar com blocos de tempo. Isso significa que, se você está fazendo uma tarefa, você deve ficar focado exclusivamente nessa tarefa. O *batching*, como é conhecido em inglês, é recomendado por todos os profissionais em produtividade e gestão de tempo.

Fazer muitas tarefas. na verdade, passa a sensação de que fizemos mais tarefas, mas isso apenas é reflexo do nosso cansaço extra por estarmos sempre trocando de tarefa.

Por isso que amo tanto o Focus Mode do Basecamp. Enquanto escrevo este livro, só nesta manhã consegui produzir 1300 palavras de forma praticamente ininterrupta. Se tivesse trocando sempre de tarefas, provavelmente demoraria um dia inteiro para fazer isto.

E qual o tempo ideal para cada tarefa? Isso é algo extremamente pessoal também, mas acredito que pelo menos 30 minutos é o mínimo para que você consiga trabalhar em máxima performance.

Ah e as tarefas mais curtas Luciano?

Essas você pode fazer tudo de uma vez. Se tem 10 tarefas que vão demorar 2 minutos, faça elas de uma vez todas seguidas e resolva todos os seus problemas.

Obviamente, nem todas as profissões permitem fazer isso. Alguém que trabalhe no suporte, por exemplo, terá sempre mais dificuldades, pois o trabalho deles consiste em ser interrompido o tempo todo pelos potenciais clientes.

Em qual horário tudo vai terminar?

Tal como é importante ter um horário para começar, também é importante ter um para terminar. Eu, por exemplo, tento colocar como horário máximo as 19:00 horas. Esse é o momento que largo o computador e vou fazer algo diferente ou então pego no iPad e vou ler ou assistir a algum curso ou filme.

Isso significa que nunca trabalho após essa hora? Obviamente que não. Existem dias que eu fico até mais tarde, como são os dias da mentoria, por exemplo. Mas essa é a beleza de trabalhar remoto. Fiquei até muito tarde num dia? Posso ficar a sexta-feira de tarde sem trabalhar, por exemplo. O equilíbrio é a chave.

Sem uma hora para terminar o seu trabalho, em poucos meses você se verá trabalhando todos os dias das 9 da manhã à meia-noite. Quando você coloca uma hora de término, outra coisa acontece: você aplica a Lei de Parkinson.

Esta é uma lei antiga, que diz mais ou menos o seguinte: *O trabalho se expande de modo a preencher o tempo disponível para a sua realização.*Traduzindo isso para português: quanto mais tempo você tem para realizar algo, mais tempo você vai demorar para realizar esse algo.

Se você não define uma hora para terminar de trabalhar, você vai trabalhar o dia todo. Você até vai passar mais tempo no Facebook, no Instagram ou em outras redes. Afinal de contas, o que são 30 minutos num dia inteiro?

Ergonomia: cuide do seu corpo

Este foi um tema que eu não me preocupei muito no início da minha carreira. Quando se é jovem, acreditamos que o nosso corpo resolve todos os problemas. Felizmente, nunca tive qualquer lesão por conta do trabalho, mas conheci vários freelancers e gestores remotos que ficaram com problemas para o resto da vida por conta da sua postura. Desde então, tenho me preocupado bastante com esse detalhe. Vejamos alguns conselhos que podem melhorar a sua ergonomia:

- O seu monitor deve estar à altura do seu olhar. Se estiver inclinando o pescoço para conseguir visualizar corretamente o seu monitor, a sua postura está defeituosa.
- Os pés devem estar apoiados no chão. Caso você não chegue ao chão, procure algum apoio para os pés. Existem varios na Amazon
- Os cotovelos devem estar relaxados na cadeira
- Faça intervalos com a técnica de pomodoro e alongue o seu corpo

- Se possível, use um trackpad ao invés do mouse
- Tudo deve estar ao alcance das mãos: teclado e mouse

Conclusão

Parabéns. Você chegou ao final de um livro que pode ser determinante para a sua equipe remota. Reuni para você vários anos de experiência. Espero que o livro tenha aberto a sua mente para as várias possibilidades que um equipe remoto traz. Espero, também, que tenha orientado você a criar a sua própria equipe e para ter funcionários mais felizes e produtivos.

Eu acredito muito que o futuro é remoto. E você, lendo este livro, está fazendo parte desta (r)evolução. Implemente o remoto na sua empresa e fale sobre isso com os seus amigos e parceiros de negócios. Quanto mais empresas forem para o remoto, mais este estilo de vida vai evoluir e tanto nós, como o próprio mundo em si, sairemos beneficiados com isso.

Se gostou de livro, mande para mim um email para luciano@escolafreelancer.com ou mande uma mensagem nas redes sociais. Será um prazer ouvir o seu feedback sobre o livro.